Collection Griffon Vert n°1

Achevé d'imprimé en juin 2013

L'affaire du « Monastère Dynamité »

Philippe Marlin ©

Cette étude fait suite à celle que nous avions proposée dans le troisième numéro de la Gazette dans un article intitulé : *Comment fabriquer un Mythe ? Mode d'emploi : le cas de Rennes-le-Château*. Nous ne reprendrons pas l'histoire du « curé aux milliards », d'autant plus qu'elle a été très largement popularisée récemment par nombre de productions télévisuelles, toutes réalisées dans la foulée du succès du *Da Vinci Code* de Dan Brown (1). Nous voudrions par contre revenir sur la thématique suivante, évoquée dans l'article en question : On entend en effet souvent dire, dans les milieux « saunièrisants », que parmi les milliers de villages français, et au sein de la population de leurs curés, une telle « affaire » ne s'est produite qu'à Rennes-le-Château et qu'avec le seul Bérenger Saunière. Ce qui est totalement faux.

D'abord parce que dans l'entourage même du pasteur castelrennais, plusieurs ecclésiastiques se sont également retrouvés à la tête de capitaux importants, de provenance douteuse ou indéterminée. On citera l'abbé Gélis, curé de Coustaussa, qui mourra du reste mystérieusement assassiné (2). On évoquera également Monseigneur Billard, évêque de Carcassonne, qui réalisera plusieurs investissements importants sur ses fonds personnels, comme l'acquisition du domaine de Notre-Dame de Marceille (3).

Le Révérend Père Louis de Coma (1822, 1911)

Ensuite, et si une étude fouillée reste à faire sur l'enrichissement de certains ecclésiastiques à la fin du XIXe siècle, parce qu'il existe au moins une affaire alternative à celle de Rennes.

<u>Le lieu</u> : la commune de Baulou près de Pamiers, dans l'Ariège. Une région proche de celle du Razès, toute aussi riche en histoire ; nous sommes en terres cathares, à proximité du pog de Montségur…

<u>L'époque :</u> la seconde partie du XIXe siècle et le tout début du XXe, comme dans l'affaire de Rennes-le-Château.

<u>Le « héros » :</u> le Révérend Père Louis de Coma (1822, 1911).

<u>Les faits :</u> un enrichissement important, sur fond de dons (on y retrouve la famille de Chambord) et de trafic de messes… ; de somptueuses constructions, et notamment le grandiose monastère du Carol qui voulait rivaliser avec les projets concernant le site de Lourdes ; un culte discret rendu à Marie-Madeleine dans une crypte « intimiste » ; de curieux démêlés avec les autorités religieuses… À noter du reste que ce monastère sera détruit en 1956… à la demande de l'Évêché…

<u>Le décor</u> étant planté, reprenons les principaux éléments de cette affaire qui, contrairement à celle du Razès, n'a suscité à ce jour que peu de littérature. Nous donnons, en note annexe (4), les éléments bibliographiques que nous avons pu rassembler. Il est intéressant, à titre de curiosité, de noter que le premier ouvrage publié sur le sujet (*Le Sanctuaire profané*, Gabriel Leucas d'Orsi -1986, Bélisane) se présente comme un livre codé. Certains y ont vu une approche inspirée de celle utilisée par Henri Boudet dans *La Vraie Langue Celtique*. À aucun moment l'auteur ne cite clairement le site concerné, mais cherche en permanence, par une utilisation sans ménage de « la langue des oiseaux »,

5

à mettre le lecteur sur la piste. Tel ce petit conte local repris dans l'ouvrage et intitulé « Carole et les beaux loups » (5).

<u>Le cadre :</u> le village de Baulou est situé à quelques kilomètres de la sortie de Foix, direction Saint-Girons. Pour accéder à ce qu'il reste du monastère, suivre le panneau indiquant le lieu-dit du Carol. La première vision est fantastique : un pan de la façade, seul reste des constructions pharaoniques, posée sur un écrin de verdure.

Vue de la façade

On ne peut s'empêcher de se demander pourquoi le Révérend Père de Coma avait choisi un endroit aussi reculé pour établir son prieuré. Si vous vous rendez sur place, nous vous suggérons d'effectuer une petite escale de courtoisie au gîte rural attenant aux ruines, pour demander l'autorisation de visiter le périmètre et d'assurer la charmante Valérie Joly, responsable des lieux, de la « pureté » de vos intentions. Ce qui est la moindre des choses lorsqu'on sait que le site a été maintes fois souillé et dégradé par des chercheurs peu scrupuleux.

SUD
CALVAIRE
SUD
MARIE-MADELEINE
SUD-EST
GROTTE
MARIE-MADELEINE
BASSIN CŒUR
AIGLE
TÊTE DE TAUREAU
NORD
BASSIN
VASQUE DAUPHIN
GROTTE DE JÉSUS
TOMBEAU
TOMBEAU DE COMA
TOMBEAU
TOMBEAU
JÉSUS
OUEST
NORD

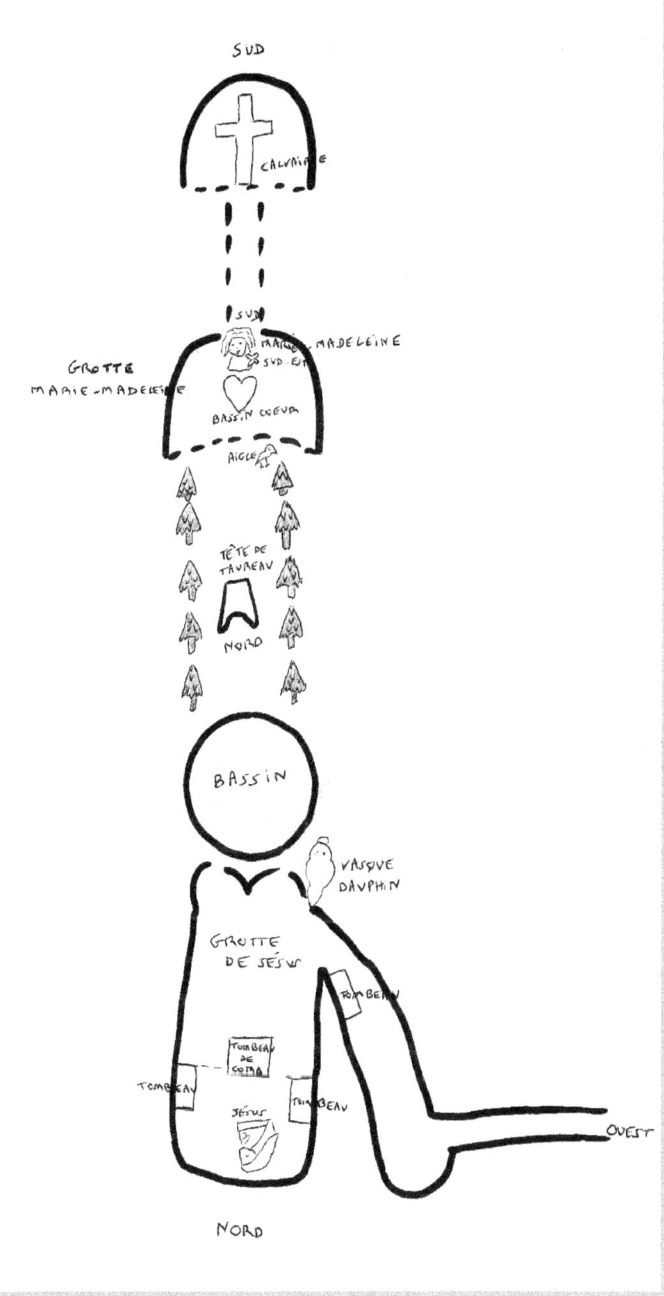

7

Nous appellerons la première crypte Grotte de Jésus ou encore de Gethsémani. Elle se situe à droite des lieux (côté nord), après ce qu'il reste d'un grand bassin. Malgré un fil de fer barbelé à franchir, l'accès est relativement aisé. Après quelques pas apparaît, difficilement visible sous la végétation, une fontaine en fer en forme de gros poisson (griffon). Il faudra se munir d'une torche pour contempler une cavité de profondeur moyenne, avec au fond un Christ sculpté en profonde méditation. D'après deux chercheurs italiens (cf. note 4) qui ont effectué un décryptage photographique des inscriptions portées sur la statue, il serait possible d'y lire la phrase suivante « *Factus in agonia prolixius orabat* » extraite d'un passage de l'évangile de Luc (22:44), ce qui signifie « *En proie à l'agonie, il priait plus intensément* ». Le reste de la phrase citée étant « *Sa sueur se transforma en gouttes de sang qui tombaient à terre* » …

On remarquera, des deux côtés de l'autel, deux tombes éventrées, qui abritaient des proches de Louis de Coma : Jenhy (Thérèse Carbone), sa sœur, et Jean Bonaventure de Coma, son père. Sous l'autel reposait le prêtre, jusqu'à ce que ses ossements soient dispersés dans la fosse commune du cimetière de Baulou (la pierre qui fermait le caveau se trouve à gauche du monument aux morts dudit cimetière ; elle porte l'inscription « Louis de Coma missionnaire »). À noter encore une belle moisson de stalagmites et stalactites qui n'ont rien de local : un cadeau d'une relation du prêtre pour décorer les lieux ! Sur la droite, juste avant la sortie de la grotte, on repérera un autre boyau qui mène à une autre « pièce » aujourd'hui effondrée ; dans ce boyau se trouve une autre tombe, elle aussi profanée et sans aucune mention de ses anciens destinataires.

À quelques mètres, de l'autre côté de l'entrée de l'esplanade (côté sud), nous rencontrons une fontaine en forme de cœur, et, après avoir franchi un nouveau fil de fer barbelé inoffensif, nous plongeons dans la seconde grotte. Une véritable merveille dédiée à Marie-Madeleine qui exsude la douleur tout en resplendissant d'une beauté très féminine. Lors de notre passage, un visiteur anonyme lui avait mis un petit bouquet de roses dans les mains. Elle semble plongée dans une profonde méditation, serrant un crucifix entre ses mains, le traditionnel crâne à ses pieds. Devant la statue de la sainte, une plaque en pierre fait penser qu'il s'agit peut-être d'une trappe…

On complétera la découverte des lieux par une visite du calvaire (prendre le sentier à gauche de la grotte de Marie-Madeleine). La vue est magnifique du sommet de la colline dont le sentier d'accès était un chemin de croix. Lui aussi disloqué et éparpillé aux quatre vents. Pourquoi un tel massacre ? Qu'est-ce qui poussa l'évêque de Pamiers à raser (6) presque tout ce que de Coma avait voulu édifier ?

Le Père de Coma

L'ouvrage le plus complet sur le sujet est sans conteste *Le Monastère Dynamité, Histoire du Carol, près Baulou ; la vie du révérend père de Coma*, Monique Dumas et Jean-François Réglat (1995, Éditions de la Truelle).

Louis de Coma est né en 1822 ; il est l'un des neuf fils de Bonaventure de Coma, architecte, et de Thérèse Vidal. Il décide, à l'âge de 18 ans, de devenir prêtre, après, semble-t-il, avoir essuyé un échec sentimental avec une jolie cousine. Il ne souhaite pas intégrer un séminaire local, comme celui de Pamiers, mais rêve de monter à Paris et faire ses « classes » à Saint-Sulpice. Refus catégorique de Mgr Otric, évêque de Pamiers. Il trouvera la parade en postulant chez les jésuites, la Compagnie de Jésus, en tant qu'état du Vatican, n'ayant pas de compte à rendre à un évêque. Après un cycle de formation très complet, il sera ordonné prêtre en 1850 et nommé « gradus », c'est-à-dire père jésuite à part entière, en 1855. Il est considéré comme un orateur brillant et un prédicateur redoutable…

À Noël de cette même année décède Bonaventure de Coma. Sa disparition amènera ses enfants, très unis (la devise de la famille était SPES UNICA), à entreprendre sur les terres du défunt la construction d'une abbaye. Il est intéressant de noter l'inspiration « pré-lourdienne » du projet puisque les apparitions mariales ne débuteront que le 11 février 1858.

Bonaventure de Coma avait acheté les terres du Carol en 1925 pour 17.500 francs or. Situées à un kilomètre à vol d'oiseau de la commune de Baulou, elles tirent leur nom du petit ruisseau « le Carol » qui les traverse.

Louis de Coma dirige, au sein de la Compagnie de Jésus, l'Association de la Bonne Mort, pour venir en aide aux agonisants. Encouragée par le Vatican, cette association fonctionnait selon le système de « vente d'indulgences ». Un système lucratif que le père de Coma reprendra à son compte en créant l'Œuvre de Gethsémani. Des messes seront dites en faveur des agonisants moyennant un don de 100 francs. Quant à l'indulgence de 100 jours, elle est « commercialisée » au prix de 1 franc ! Les talents d'orateur du prêtre aidant, l'argent afflue dans les caisses, engrossées de dons divers comme celui du Comte de Chambord (4.000 francs or) ou encore celui d'un bienfaiteur anonyme qui remettra une somme de 10.000 francs or.

Les travaux débutent en 1860, sous le pilotage de Ferdinand de Coma, le frère aîné qui est par ailleurs l'architecte diocésain de Pamiers. La première réalisation sera celle de la crypte, enrichie de nombreuses concrétions naturelles offertes par un cousin de Louis, M. de Vézian, propriétaire des grottes du Portel. Suivront le chemin de croix, puis la basilique et le couvent, ainsi qu'une ferme d'exploitation agricole. Rumeurs et médisances circulent, la Compagnie de Jésus s'interroge, car il n'est pas dans ses buts de fonder des monastères, mais l'évêché de Pamiers ferme les yeux.

Cela dit, le père de Coma ne parvient pas à fonder une véritable communauté et continue à sillonner la France pour récolter des fonds pour son œuvre.

En juin 1870, pour l'anecdote, on trouve trace, dans les carnets de Victor Hugo, d'une visite du prêtre à Guernesey.

En 1879, le ministre Jules Ferry fait prononcer la dissolution de la Compagnie de Jésus et les pères partent en exil. Louis de Coma doit quitter la Compagnie pour continuer son œuvre. En 1880, Ferdinand de Coma est relevé par l'évêché de ses fonctions d'architecte officiel pour des raisons inconnues (cf. infra).

De 1881 à 1885, Louis négocie discrètement avec la Compagnie du Saint-Esprit afin d'inciter les spiritains à venir s'installer au Carol. Une promesse de donation moyennant indemnité de 40.000 francs et divers avantages en sa faveur (maintien dans les lieux, supervision des aménagements, etc.) est signée en avril 1885. Une première équipe conduite par le père Decressol s'installe au mois de mai. En août, l'évêque de Pamiers rend officiellement visite aux nouveaux résidents alors que l'acte de donation définitif est ratifié. Mais la cohabitation entre les deux parties se déroule mal, de Coma restant omniprésent et refusant de surcroît, contrairement à ses engagements, de céder un ensemble de terres agricoles génératrices de revenus. Les spiritains quitteront le domaine en 1886 et revendront les possessions à l'ex-propriétaire pour une somme de 15.000 francs. Une belle transaction pour de Coma dont les comptes, en 1886, font état d'un total de rentrées de 400.000 francs, majorés des 25.000 francs des spiritains. Le monastère quant à lui était estimé à 40.000 francs. À quoi a pu servir le solde de tout cet argent, même s'il est probable que le prédicateur ait reversé une partie du produit de ses revenus « religieux » (achats d'indulgences et d'intentions de messes) aux jésuites ?

Suite à ce fiasco, Louis de Coma perdra toute crédibilité, et en premier lieu auprès de Mgr Rougerie, évêque de Pamiers. Il obtiendra pourtant pour subsister la cure de Baulou, mais se fera remarquer en louant le presbytère et en disant fréquemment la messe non dans l'église paroissiale, mais dans son abbaye. Selon les humeurs et ses ressources, il continue les constructions dans le domaine, cette fois sous la houlette de Jean Bardiès.

L'ARIÈGE
1639. – BEAULON, PRÈS FOIX. – MONASTÈRE DE CAROL
LE CALVAIRE (PÈLERINAGES)
PHOTOTYPIE LABOUCHE FRÈRES.

1163. — Monastère de BAULOU, près Foix

Nouvel espoir : en 1903, Louis de Coma cède au père Lambert, pour une somme de 57.000 francs, le domaine (le père Lambert contractera pour ce faire un emprunt auprès de la Séquanaise). Le but était de créer une école apostolique à la place de celle que ce prêtre dirigeait à Pamiers, mais où il était entré en conflit avec l'évêché. Cette opération ne se réalisera pourtant jamais, la séparation entre l'Église et l'État en 1904 faisant planer une menace d'expropriation…

Le père de Coma s'éteindra dans sa chambre du monastère le 14 novembre 1911, à l'âge de 89 ans.

Le domaine sera racheté par l'une des sœurs du père, Claire, qui en fera don à l'évêché. Il perdra progressivement toute vocation religieuse, abritant successivement des résistants (pendant la guerre), des colonies de vacances et servant de lieu pour organiser… des surboums ou des parties fines ! Il sera vendu en 1956 à Henri Baurès, à la condition expresse que toutes les constructions religieuses soient détruites. Ce qui sera réalisé en novembre 1956, après du reste une première tentative de dynamitage qui échouera…

Similitudes ou liens entre l'affaire de Rennes-le-Château et celle du Baulou ?

Reprenons les dates ; Bérenger Saunière est né en 1852 ; il s'est éteint en 1917. Louis de Coma (1822-1911) était donc son aîné. Saunière prend possession de la cure de Rennes-le-Château en 1885 alors que le père de Coma cède (pour peu de temps) son domaine aux spiritains. L'hypothèse d'un financement par Saunière des travaux du Carol ne tient donc pas la route, le père de Coma ayant déjà réalisé l'essentiel de son œuvre immobilière lorsque Bérenger commence son « œuvre terrestre ». Quant à l'inverse, c'est-à-dire un financement de Saunière par de Coma, rien dans la comptabilité de l'abbé ne permet de l'avancer. De façon plus générale, du reste, les travaux méticuleux effectués par Octonovo (7) sur les papiers du pasteur du Razès ne font aucune mention d'une quelconque relation entre les deux hommes.

Il nous faut donc, faute d'éléments, abandonner la piste des liens. Le champ des similitudes, en revanche, est particulièrement riche. Un peu comme si nos deux curés étaient plongés dans une sorte d'air du temps… Un air qui ferait une place de choix à Sainte-Marie Madeleine (crypte du Carol et nom de l'église de Rennes-le-Château sans oublier la fameuse tour Magdala) et aux grottes artificielles (Bérenger Saunière a également construit une grotte devant son église) ; un refrain qui évoque le Mont des Oliviers avec Gethsémani (la grotte) et Béthanie (la villa de Saunière). Mais une musique dont la connotation d'ensemble reste fondamentalement financière. Reprenons ici le commentaire de Monique Dumas et Jean-François Réglat :

« Les messes ! Évidemment les ressources principales d'une Œuvre. Le père de Coma dut s'efforcer de dire les messes promises. Il fera le reproche aux pères du Saint-Esprit de ne pas avoir de prêtres en nombre suffisant pour dire les messes. Il sera dans l'obligation de déléguer ces missions sacerdotales, ce qui entraînera des dépenses supplémentaires. Si le père de Coma avait été suspecté de simonie, M. Larue, vicaire général en contentieux avec le père Lambert, n'aurait pas manqué d'en faire état.

Bérenger Saunière n'avait pas les mêmes scrupules à tel point que Mgr de Beauséjour traduisit l'abbé en cour de Rome et que le 5 décembre 1910, il fut déclaré "suspens à divinis" (interdit de célébrer la Messe).

Ces coïncidences sont pour le moins surprenantes ! Il ne serait pas impossible qu'Alfred Saunière, alors qu'il se trouvait enseignant chez les Jésuites ou au Petit Séminaire de Narbonne, ait pu rencontrer le père de Coma à l'occasion, par exemple, d'une retraite de première communion qu'il serait venu prêcher. Par la suite, Saunière aurait pu venir au Carol visiter le monastère. Ou plus simplement lire l'une des multiples brochures que le père de Coma faisait circuler sur l'œuvre de Gethsémani. Une chose est certaine, la comtesse de Chambord ayant adressé aux deux prêtres des fonds pour leurs œuvres respectives, ils ne pouvaient s'ignorer l'un, l'autre.

La présence de Joan-Salvador de Habsbourg, archiduc d'Autriche, se faisant appeler dans l'Aude « Monsieur Guillaume », et connu sous le nom de Joan Orth après son abdication, s'explique par les dons de sa famille pour les œuvres. Cet étrange personnage, appréhendé par les gendarmes de Couiza pour un contrôle d'identité n'était pas venu par hasard à Rennes. Très certainement, il venait constater que les fonds versés aux œuvres avaient été bien employés et son voyage dût le conduire à Baulou (8).

Un élément commun pouvait réunir les frères Saunière et le père de Coma : leurs opinions légitimistes. Dans ce cas, il serait plus vraisemblable d'envisager une rencontre du père de Coma et de l'abbé Boudet. Mais pour quelles raisons ?

Nous avons la fâcheuse habitude d'interpréter les faits et coutumes des siècles précédents et la tendance à les comparer aux mœurs de notre XXIe siècle. Nos villages de France sont fleuris d'églises, basiliques et monastères érigés au XIXe siècle et réalisés grâce aux dons de notables ou de bourgeois industriels. Ceux-ci, pour apaiser leur conscience, n'ont pas hésité à investir dans ces édifices. Avec satisfaction, ils voyaient leurs noms gravés dans le marbre et assistaient à l'office sur les prie-Dieu de velours, au premier rang des fidèles.

À cette époque-là, investir dans la pierre, en édifices religieux, valorisait davantage que de soulager dans la discrétion la misère des pauvres gens. Contre toute attente, la séparation de l'Église et de l'État en 1905 poussa les fidèles à délier leur bourse, dans un élan inattendu de générosité. Le père de Coma et Bérenger Saunière n'avaient aucune raison d'entretenir des relations, bien au contraire. Connaissant son tempérament fougueux, on imagine facilement que le père Louis devait voir d'un œil soupçonneux ce rival indélicat ».

La Clef des Grands Mystères

On a raconté beaucoup de choses sur les raisons du dynamitage du monastère. Écartons tout de suite l'hypothèse selon laquelle Louis de Coma était un personnage sulfureux, hérétique ou maudit dont l'Église devait éliminer toute trace. Nous avons vu que notre bon père bénéficiait de la sympathie de l'évêché de Pamiers et que Mgr de Rougerie avait donné sa bénédiction à l'installation des pères du Saint-Esprit. Par ailleurs, aucun des ecclésiastiques ayant fréquenté le « missionnaire » n'a été inquiété pour avoir entretenu des… relations coupables !

On a pourtant beaucoup parlé de géométrie hérétique… L'église du Carol était exposée nord-est. La destruction aurait été la conséquence d'une exposition incorrecte de l'autel. Les auteurs du *Monastère dynamité* donnent une liste impressionnante d'autres édifices religieux construits suivant la même direction. Il est vrai que l'orientation des autels n'est plus un critère de construction depuis le moyen-âge.

Last but not least, un chercheur bien connu dans le milieu castelrennais, Christian Doumergue, a émis une théorie pour le moins décapante (9). Selon lui, la symbolique des constructions du Carol obéit à un courant très clairement ésotérique. En effet, l'héroïne des lieux, Marie-Madeleine, est très explicitement rattachée à la figure d'Isis. La structure de « sa grotte » épouse, à la perfection, la forme d'une croix de vie égyptienne. De surcroît, le bassin à demi recouvert par la végétation, qui se trouve à l'autre extrémité de l'allée qui conduit à cette grotte, a la forme d'une tête de vache. C'est bien sûr, selon l'auteur, l'attribut de Hator qui porte le soleil entre ses deux cornes. Quant à la physionomie générale du monticule au sommet duquel se trouve le calvaire, il n'est pas sans rappeler celle d'une pyramide !

Mais le plus fort, croquis à l'appui, est que les différentes constructions analysées se situent pour le chercheur sur une ligne droite, avec deux bassins en forme de cœur, tournés l'un vers l'autre. « Dans le silence de la crypte funéraire, au milieu des tombes profanées, nous avons été saisis de surprendre, dans le faisceau d'une lampe, la silhouette d'une femme enceinte : vue du pied de Jésus agonisant, une des immenses colonnes de pierre de l'ensemble épouse en effet singulièrement le profil d'une déesse égyptienne au ventre doucement rebondi… ». Une telle symbolique hérétique n'expliquerait-elle pas pourquoi, Ferdinand de Coma, l'architecte des lieux se fit révoquer de ses responsabilités diocésaines ?… La boucle est bouclée, et l'affaire du Monastère Dynamité rejoint celle du *Da Vinci Code* !

Mais laissons là ces spéculations pour revenir à ce qui semble le plus probable. Face à la désaffection religieuse des lieux et à leur utilisation à des fins assez spéciales, l'évêché a certainement voulu mettre fin à une situation qu'il ne pouvait plus contrôler. Il prenait de surcroît le risque, en laissant perdurer la vacance, de voir un jour débarquer un groupement indésirable, comme ce qui se produisit en 1971 dans un petit village du Lot-et-Garonne, à Notre-Dame du Frechou (10). Le monastère du Carol était celui de l'œuvre de Gethsémani, et l'œuvre était celle du père de Coma. La disparition de ce dernier a enlevé tout sens à l'existence de son domaine…

Est-ce à dire que ce dossier ne recèle aucun mystère ? Certainement pas, car comme nous l'avons vu, son aspect financier reste loin d'être expliqué.

Le Révérend Père faisait-il aussi partie de ce réseau de plates-formes financières ecclésiastiques qu'Octonovo a cru déceler au cours de ses recherches ? Un travail approfondi reste à faire sur le sujet…

Et puis, et pour laisser sa juste place au rêve, citons en guise de conclusion cette remarque troublante des deux chercheurs italiens, Volterri et Piana :

« C'est en 1956 que l'on reparle des deux événements importants.

En janvier quelques journaux locaux commencent à s'occuper du mystère de Rennes-le-Château, provoquant ainsi une véritable "chasse au trésor" et c'est à la fin de cette année-là que l'on fait exploser, à l'aide de charges de dynamite, la monumentale abbaye édifiée par Louis de Coma.

Sommes-nous face à l'habituel hasard, ou bien étant donné que l'on parlait trop de l'affaire de Rennes, l'évêque de Pamiers en profita-t-il pour éviter, dans cette région aussi, les hordes de "chasseurs de trésor" ou de "quelque chose d'autre" ? ».

NOTES

(1) Il serait long et fastidieux d'énumérer toutes ces réalisations. Nous ne citerons ici à titre d'exemple que l'une des meilleures (extrait de *La Bibliothèque de Bérenger*, ouvrage à paraître) :

Discovery Channel nous gâte en ce début d'année avec un épisode de sa série **Legend Detectives** consacré à Rennes-le-Château (15 janvier 2006). J'adore ces histoires de « détectives de l'étrange », et l'équipe est parfaitement composée ; une animatrice, un chercheur romantique, un vilain sceptique et un médium à qui il est fait ponctuellement appel comme conseiller ! Mais qu'on ne s'y trompe pas, le reportage est sérieux et bien documenté. On démarre bien sûr par la recherche du trésor, avec notamment les souvenirs de Claire Corbu. Une recherche qui aboutit sur une impasse, ou plutôt sur une audacieuse opération de marketing orchestrée par Noël Corbu. On s'interroge ensuite sur le phénomène littéraire déclenché par l'affaire, en oubliant du reste de Sède pour se focaliser sur l'*Énigme Sacrée*. Nouvelle impasse sur fond d'imposture instrumentée par Pierre Plantard. Mais alors tout est-il faux dans l'affaire des parchemins ? Antoine Captier laisse planer un doute en nous racontant l'histoire de la petite fiole retrouvée dans le balustre. Ceci dit, l'explication de l'enrichissement du prêtre n'est-elle pas tout simplement rationnelle ? Saunière n'était-il rien d'autre qu'un simple escroc, qui aurait quelque peu forcé son talent sur les trafics de messe ? Cela donnera l'occasion à Octonovo, chaudement installé dans les salles lambrissées des Archives Départementales de l'Aude, de nous parler de la comptabilité de l'abbé.

Mais ce serait sans compter sans la prestation du consultant médium qui va semer joyeusement le trouble ; il sent de lourds secrets liés à la religion, il flaire la présence sulfureuse de Marie-Madeleine, il devine de noirs desseins de Saunière à l'encontre de Gélis. Et de nous retrouver chez le chercheur de Durban qui a localisé le Tombeau du Christ et qui jouera aux enquêteurs son morceau de maquette préféré. Commentaire du sceptique : tout cela est de la fiction, Douzet ne montre jamais ses preuves !

Légende ou machination occulte ? Le débat ne sera (heureusement) pas tranché, mais l'émission était assurément passionnée et passionnante.

(2) Extrait de *La Bibliothèque de Bérenger*

Cette affaire a été épluchée par Jacques Rivière, accompagné de Claude Boumendil et de G. Tappa, dans *Le Secret de l'abbé Gélis, la piste corse* (Belisane 1996). Un excellent bouquin dans la mesure où il reprend la quasi-intégralité des actes judiciaires (interrogatoires, confrontations, ordonnances, etc...) et permet au lecteur de se forger une opinion précise. Il est vrai que le neveu de Gélis, Joseph Pagès, fait figure de principal suspect, dans la mesure où ses problèmes structurels d'argent l'amenaient à emprunter tous azimuts et à certainement devoir solliciter son oncle qu'il savait fortuné. Gélis, du reste, avait coutume de placer son argent en faisant acheter des bons par un autre prêtre de ses amis, afin de se protéger « contre lui-même » et de pouvoir affirmer aux solliciteurs qu'il n'avait plus de cash ! Autre élément à charge contre Joseph Pagès, un alibi assez hésitant en ce qui concerne son emploi du temps la nuit du meurtre. Mais rien de concret pour amener le Tribunal à inculper formellement l'intéressé. Reprenant l'enquête, nos auteurs auront plus de chance et retrouveront la fabrique du papier à cigarettes Tsar, une certaine maison Léon de Paris, mais qui ne distribuait pas dans la région, cette marque étant plutôt destinée à l'exportation. Alors ? La piste de la prostituée Angélina n'ayant non plus rien donné, nos enquêteurs posthumes débouchent sur une piste « corse », plus à titre d'hypothèse du reste, convenons-en. Une communauté religieuse corse qui aurait trouvé un trésor, une communauté en relation avec Saunière, un Saunière qui utilisait les services de Gélis comme plaque tournante pour diverses manipulations financières, une somme qui aurait été remise à Gélis et qui aurait disparue… Autre information curieuse, nos auteurs nous apprennent avoir été contactés durant leur recherche par un mystérieux Ordre d'Alet qui semblerait en savoir long sur cette affaire.

Quoi qu'il en soit, le meurtre de l'abbé Gélis s'inscrit dans un contexte qui me paraît être le cœur de l'affaire de Rennes-le-Château, si affaire il y a. Nous sommes en effet en présence d'une équipe d'ecclésiastiques qui manipulent des sommes sans commune mesure avec leurs responsabilités directes. Quelle est l'origine de ces fonds, et en dehors de quelques constructions qualifiées de somptueuses, quelle fut leur destination ? Laurent Octonovo, qui travaille de façon méticuleuse sur « la Comptabilité de l'abbé Saunière », me disait que tout cela ressemble fort à la mécanique d'une Société Secrète religieuse, dont la vocation reste à établir précisément.

(3) Extrait d'un article de Philippe Marlin dans le numéro 18 du bulletin de l'association *Terre de Rhedae* (avril 2006).

Notre-Dame de Marceille et Rennes-le-Château, deux affaires liées ?

L'histoire de l'église de Notre-Dame de Marceille (commune de Limoux) croise celle de Rennes-le-Château d'une bien curieuse façon : par le biais de Monseigneur

Billard, évêque protecteur de Bérenger Saunière, mais aussi propriétaire du domaine lazariste de Marceille. Une propriété dont l'acquisition s'est faite de façon pour le moins sulfureuse : l'évêque hérita en effet, en 1891, et ce à titre privé, d'une somme très importante (environ 1.200.000 francs de l'époque) de Madame Rose Denise Marguerite Victorine Sabatier, résidant à Coursan. La famille de la défunte contesta, sans succès, cette donation qu'elle considérait être une captation d'héritage. Cette somme permit à Billard d'acquérir Notre-Dame de Marceille en 1893. Les chercheurs anglais (Picknett et Prince notamment, dans la *Révélation des Templiers*, 1997) investiguèrent sur ce domaine, à la suite d'un chercheur belge, Jos Bertaulet, qui consacra en 1991 une étude à ce site (*De verloren koning en de bronnen van de graallegende*). Il en résulte que deux grandes salles souterraines se déploient sous l'église ; on parle alors de chapelle secrète et, si l'on suit Jos Bertaulet qui aurait décrypté *La Vraie Langue Celtique* de Henri Boudet, d'un reliquaire contenant la tête d'un roi sacré ! L'auteur ajoute que Boudet rattachait cette salle aux légendes du Saint Graal…

Et de fait ! Revenons aux sources authentiques pour nous faire une idée précise de ce site entré dans la légende. L'ouvrage de référence est certainement *L'Histoire du Pèlerinage de Notre-Dame de Marceille* de l'abbé Lasserre, publié en 1891 et réédité chez Lacour en 1998. Un ouvrage qui d'emblée renvoie effectivement à *La Vraie Langue Celtique* puisque l'auteur commence par nous expliquer que c'est Boudet qui, le premier, a trouvé l'origine de Marceille. L'église est construite sur un site païen, remarquable par son allée qui monte des rives de l'Aude jusqu'à l'esplanade où fut construite l'église (Voie Sacrée), ainsi que par sa fontaine miraculeuse en ce sens que son eau serait d'une excellente thérapie pour les troubles de la vision. L'étude qui nous est proposée sur les traditions bibliques, druidiques et sibyllines concernant la Vierge qui devait enfanter est tout à fait pertinente. Car l'autre curiosité de l'église est sa fameuse Vierge Noire, dont l'origine se confond avec une pieuse légende :

« À une époque bien lointaine qui se perd dans la nuit des temps, un laboureur qui cultivait son champ sur le coteau de Marcellan voit ses bœufs arrêtés soudain par un obstacle invisible. Il a beau les presser, les exciter, ils demeurent immobiles et résistent à l'aiguillon. Le laboureur, d'abord stupéfait, se sent bientôt envahir par une impression indéfinissable : il se prosterne en invoquant le secours du Ciel. Poussé par une inspiration subite, il creuse la terre pour découvrir l'obstacle qui arrête ses bœufs.

Tout à coup une madone de bois, à la figure brune, au sourire céleste, se présente à ses regards étonnés. Il prend avec respect la statue de Notre-Dame et la porte dans sa maison où elle est accueillie avec bonheur par toute la famille. Mais hélas ! le lendemain la madone a disparu ! ! !

Le laboureur revient à son champ, et il retrouve l'image vénérée dans le lieu où la veille, il avait eu le bonheur de la découvrir. Vainement, il l'emporte une deuxième et une troisième fois : la statue miraculeuse disparaît toujours pour regagner la Colline de Prédilection ».

Suit toute l'histoire des pèlerinages organisés sur ce lieu au travers de l'histoire, afin de remercier la Vierge à laquelle on prêta de nombreux miracles.

L'auteur part ensuite à la recherche de la localisation de la chapelle primitive autour de laquelle fut construite l'église actuelle. Il nous décrit ensuite par le menu détail l'édifice, sans du reste faire allusion aux nombreux symboles alchimiques que certains chercheurs croient voir sur les murs et le plafond. Il nous parle également de la Comtesse de Chambord qui connaissait bien ce haut lieu de pèlerinages, par son cousin, le docteur Carrière de Limoux. La Comtesse a du reste donné à l'église un tableau très précieux, représentant la Vierge-Mère avec l'enfant Jésus sur son bras.

Pas d'allusion dans ce livre aux salles souterraines, mais une évocation intéressante : celle d'un vaste réservoir souterrain construit au bord de l'Aude permettant, grâce à un mécanisme ingénieux, de faire monter l'eau dans le domaine et d'alimenter un vaste bassin. On trouve du reste également, dans l'église elle-même, l'entrée d'un puits (aujourd'hui fermée).

L'abbé Lasserre enfin, tout au long de son étude, rend hommage à Monseigneur Billard, considéré comme étant le véritable bienfaiteur des lieux. Il ne croyait pas si bien dire !

L'apport de Franck Daffos

Avec *Le Secret Dérobé* (Éditions de l'Œil du Sphinx 2005), Franck Daffos effectue un pas supplémentaire et structure de façon indissoluble le lien existant entre les deux sites. Il n'est plus question de « reliquaire sacré », mais de trésor. L'auteur résume de la sorte sa thèse sur un forum internet :
(www.renneslechateau.com) :

« Il existait un trésor caché depuis des temps lointains dans la région des deux Rennes et oublié de TOUS. Ce trésor fut retrouvé de manière fortuite au milieu du 17e siècle, ce qui donna lieu à de sérieuses empoignades entre ceux qui se le disputaient. Mais le Roi de France s'en mêla et mit tout le monde d'accord. On décida de partager le trésor en deux. La part du roi fut amenée en plusieurs versements sous Notre-Dame de Marceille. C'est cette cache redécouverte par hasard vers 1830 qui donna la "filière des prêtres" jusqu'à Boudet qui fut "téléguidé" depuis pratiquement le séminaire jusqu'à la cure de Rennes-les-Bains pour y retrouver la cache initiale du trésor, ce qu'il réussit à faire au milieu des années 1880. En 1891, il fit cadeau du secret de Notre-Dame de Marceille à Mgr Billard pour ne pas que le sanctuaire quitte le giron de l'église. Mgr Billard (après avoir acheté le lieu) exploita alors le restant du dépôt avec l'aide d'un commissionnaire nommé : Bérenger Saunière... »

(4) Bibliographie de l'affaire du « Monastère Dynamité » :

◆ *Le Sanctuaire Profané*, Gabriel Leucas d'Orsi (1986, Bélisane).

◆ *Le Monastère Dynamité*, Monique Dumas et Jean-François Réglat (1995, Éditions de la Truelle).

◆ *Rennes-le-Château et le mystère de l'abbaye de Carol*, Volterri et Piana (Sugarco Éditions , 2005, en italien).

◆ *A la recherche du secret perdu* numéro 4 (Association Légendes d'Oc, septembre 2005).

◆ Article de Christian Doumergue dans le numéro 18 du bulletin de l'association *Terre de Rhedae* (avril 2006).

◆ Chroniques Castelrennaises dans le numéro 17 de *Murmures d'Irem* (Association l'Œil du Sphinx, juillet 2006).

(5) Des échos dans la presse locale :

« Midi-Libre » signala ce texte l'année de sa publication. Le 21 octobre 1986, André Galaup, journaliste connu et expert dans les affaires de Rennes-le-Château, publia un article intitulé : « *Le Sanctuaire profané* », histoire qui présente un lien avec Rennes-le-Château. Dans cet article, on parle du livre de Leucas d'Orsi dans lequel est signalé un lieu de culte dont on ne fournit pas l'emplacement, mais dont on dit qu'il « se trouve à quelques kilomètres de Foix près d'un ancien monastère » et, qu'en outre, ce lieu mystérieux et Rennes sont dédiés à Marie Madeleine.

(6) Les « restes » du chemin de croix ont été transférés à La Reynaude. La cloche est partie à Montgauzy. Un autel latéral, dédié à la Vierge, se trouve dans l'église d'Orlonac.

(7) cf. www.octonovo.org et *Les Actes du Colloque d'Études et de Recherches sur Rennes-le-Château 2005* (ARTBS, Éditions de l'Œil du Sphinx 2006).

(8) Nous avons intentionnellement laissé ce passage sur « Monsieur Guillaume ». Cette information, tirée des écrits de Descadeillas (*Mythologie du Trésor de Rennes*, Collot 1991 pour la dernière édition) et reprise par Pierre Jarnac (*Histoire du Trésor de Rennes-le-Château*, Bélisane 1985) ne repose sur aucun élément concret et fait à notre avis partie de « la Belle Histoire ». Cf. sur Jean Orth le numéro 17 de *Murmures d'Irem* (Association Œil du Sphinx 2006).

(9) Article de Christian Doumergue dans le numéro 18 du bulletin de l'association *Terre de Rhedae* (avril 2006)

(10) L'affaire de Notre-Dame du Frechou (Lot et Garonne), d'après le Centre de Consultation sur les Nouvelles Religions.
(http://www.religion.qc.ca/Fiches/fiche119.htm ©)

Jean-Marie Kozik (né le 22 avril 1945 près de Cambrai) d'origine polonaise, et Michel Fernandez (né en 1944 à Albi) d'origine espagnole, s'installent en 1971 dans un petit village de Lot-et-Garonne avec projet de vie communautaire. Ils sont au départ autorisés à vivre cette expérience par l'évêque du lieu. Mais leur attitude et leurs propos commencent à poser question à l'évêché qui met fin à l'expérience en 1974. Roger Kozik (Père Jean-Marie) se fait ordonner prêtre une première fois en juin 1974 par Mgr Laborie de l'Église Catholique Latine, puis une seconde fois par Mgr André Enos (janvier 1976). Il est consacré évêque par le « Pape » Grégoire XVI Clémente Dominguez en même temps que Michel Fernandez (Père Emmanuel Marie) le 27 mai 1977 au Palmar de Troya

(Séville) — ce qui enclenchera leur excommunication par Rome (mars 1983, avril 1989). Mais le 10 juin 1977, Roger Kozik a déclaré avoir vu la Vierge dans un bois proche du Fréchou, qui demanderait de faire de cet endroit (Andiran) un lieu de pèlerinage. Divers phénomènes se produiraient : apparition d'un grand rideau bleu le 1er novembre 1977, larmes de sang de la statue le 14 octobre 1982, mouvements du soleil, multiplication d'hosties, guérisons, bilocation.

Un culte de style traditionaliste s'instaure avec sanctuaire, médailles, prophéties, attaques contre l'évêché et l'Église Romaine, fondation de communautés religieuses féminine et masculine, d'une école (47 Mézin, Neyrac), mais aussi démêlés judiciaires avec inculpation des responsables, contestée par eux, pour escroquerie (février 1988) en divers épisodes. La position de l'Église catholique à leur égard (Évêché d'Agen 18 février 1982) a été rappelée plusieurs fois par Rome (23 janvier 1989, 23 janvier 1990) : les deux « évêques » sont excommuniés, L'Église Catholique ne reconnaît et ne reconnaîtra pas à l'avenir leurs ordinations sacerdotales et épiscopales, ni celles qu'ils conféreraient ; elle ne reconnaît pas la communauté qui ne fait pas partie de l'Église Catholique.

LES ÉDITIONS DE L'ŒIL DU SPHINX
SARL au capital de 15.245 €
R.C.S. Paris B 432 025 864 (2000 B11249)

36-42 rue de la Villette
75019 PARIS
FRANCE

Mail ods@oeildusphinx.com
http://www.œildusphinx.com
http://boutique.oeilduphinx.com

Tél 09.75.32.33.55
Fax 01.42.01.05.38

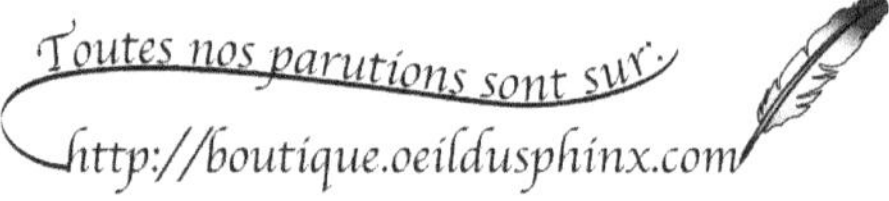